कविताएँ

दुश्चक्र में स्त्रष्टा

दुश्चक्र में स्त्रष्टा

वीरेन डंगवाल

राजकमल प्रकाशन

ISBN : 978-81-267-0413-2

मूल्य : ₹495

पहला संस्करण : 2002
पाँचवाँ संस्करण : 2023

प्रकाशक : राजकमल प्रकाशन प्रा. लि.
1-बी, नेताजी सुभाष मार्ग, दरियागंज
नई दिल्ली-110 002
शाखाएँ : अशोक राजपथ, साइंस कॉलेज के सामने, पटना-800 006
पहली मंजिल, दरबारी बिल्डिंग, महात्मा गांधी मार्ग, प्रयागराज-211 001
वेबसाइट : www.rajkamalprakashan.com
ई-मेल : info@rajkamalprakashan.com

मुद्रक : बी.के. ऑफसेट
नवीन शाहदरा, दिल्ली-110 032

DUSHCHAKRA MEIN SRASHTA
Poems by Viren Dangwal

'तुम्हारे ही लिए मेरे दोस्तो,
जिनसे ज़िन्दगी में मानी पैदा होते हैं'

क्रम

हमारी नींद

मेरी नींद के दौरान
कुछ इंच बढ़ गये पेड़
कुछ सूत पौधे
अंकुर ने अपने नाम मात्र कोमल सींगों से
धकेलना शुरू की
बीज की फूली हुई
छत, भीतर से।

एक मक्खी का जीवन-क्रम पूरा हुआ
कई शिशु पैदा हुए, और उनमें से
कई तो मारे भी गये
दंगे आगजनी और बमबारी में।

ग़रीब बस्तियों में भी
धमाके से हुआ देवी जागरण
लाउडस्पीकर पर।

याने साधन तो सभी जुटा लिये हैं अत्याचारियों ने
मगर जीवन हठीला फिर भी
बढ़ता ही जाता आगे
हमारी नींद के बावजूद

और लोग भी हैं, कई लोग हैं
अभी भी
जो भूले नहीं करना
साफ़ और मज़बूत
इनकार।

हड्डी खोपड़ी ख़तरा निशान

इधर काफ़ी कम दिखाई देता है
हड्डी खोपड़ी ख़तरा निशान
ज़्यादा से ज़्यादा डीज़ल-पेट्रोल ले जानेवाले
टैंकरों के पिछवाड़े
एक शुभ चिह्न की तरह

हमारे बचपन में तो वह टुँका होता था
बिजली के खम्भों पर भी
जिन्हें हम पत्थरों से बजाया करते
बिना छुए
स्कूल से पैदल घर लौटते समय

वह हमारे जीवन में प्यार का आग़ाज़ था।

अब दरअसल सारे ख़तरे ख़त्म हो चुके
प्यार की तरह
दरअसल चारों तरफ़ चैन ही चैन है

एक-एक बच्चा जा रहा है स्कूल
बस में, स्कूटर पर, साइकिल से

हर पेट भरा हुआ है
और इन आधुनिक पोशाकों का तो कहना ही क्या
वे भी हरेक के पास हैं कई-कई जोड़ा

डोमाजी उस्ताद सुधर चुके
और विधानसभा भी कभी की वातानुकूलित की जा चुकी
मान लिया भद्र लोगो, कोई ख़तरा नहीं बाक़ी बचा
हड्डी-खोपड़ीविहीन वह शुभ दिन
आ ही गया आख़िर हमारे देश में।

हमारा समाज

यह कौन नहीं चाहेगा उसको मिले प्यार
यह कौन नहीं चाहेगा भोजन-वस्त्र मिले
यह कौन न सोचेगा हो छत सर के ऊपर
बीमार पड़ें तो हो इलाज थोड़ा ढब से

बेटे-बेटी को मिले ठिकाना दुनिया में
कुछ इज़्ज़त हो, कुछ मान बढ़े, फल-फूल जायँ
गाड़ी में बैठें, जगह मिले, डर भी न लगे
यदि दफ़्तर में भी जायँ किसी तो न घबरायँ?
अनजानों से घुल-मिल भी मन में न पछतायँ।

कुछ चिन्ताएँ भी हों, हाँ कोई हरज नहीं
पर ऐसी नहीं कि मन उनमें ही गले घुने
हौसला दिलाने और बरजने आसपास
हों संगी-साथी, अपने प्यारे, ख़ूब घने।

पापड़-चटनी, आँचा-पाँचा, हल्ला-गुल्ला
दो चार जशन भी कभी, कभी कुछ धूम-धाँय
जितना सम्भव हो देख सकें, इस धरती को
हो सके जहाँ तक, उतनी दुनिया घूम आयँ

यह कौन नहीं चाहेगा?

पर हमने यह कैसा समाज रच डाला है
इसमें जो दमक रहा, शर्तिया काला है
वह क़त्ल हो रहा, सरेआम चौराहे पर
निर्दोष और सज्जन, जो भोला-भाला है

किसने आख़िर ऐसा समाज रच डाला है
जिसमें बस वही दमकता है, जो काला है?

मोटर सफ़ेद वह काली है
वे गाल गुलाबी काले हैं
चिन्ताकुल चेहरा—बुद्धिमान
पोथे क़ानूनी काले हैं
आटे की थैली काली है
हर साँस विषैली काली है
छत्ता है काली बर्रों का
वह भव्य इमारत काली है

कालेपन की वे सन्तानें
हैं बिछा रहीं जिन काली इच्छाओं की बिसात
वे अपने कालेपन से हमको घेर रहीं

अपना काला जादू हैं हम पर फेर रहीं
बोलो तो, कुछ करना भी है
या काला शरबत पीते-पीते मरना है?

रेल का विकट खेल

ठप्प
बिलकुल ठप खड़ी है
देर से यह रेल
हौसला कम यात्री भी उतरकर
हो चले झाड़ी-ओट, पटरी-पार
हठ कर रहे बच्चे
कि ख़ुद पानी पियेंगे
मोरम वाले प्लेटफ़ारम पर गड़े नल पर
रेलवई के चार क्वार्टर
एक अंटीना
बन्दर रहा झकझोर।

पोखरा सड़ता हुआ
जलकुम्भियों का खेत
उर्वर खेत।

शरद की है धूप
कुछ सीली ज़रा सी गर्म

वे लगे शिशुफूल गोभी के
नगीने से जगमगाते
श्याम पत्तों ओट
बहुत हद तक कट चुके हैं धान
हाल ही में हो चुका गंगानहान।

दूर से ही दीखते वे दो
पगडंडी पर भगाते आ रहे साइकिल
एक बैठा कैरियर पर सहेजे पेटी
एक छाती से दबाता पैडिलों पर ज़ोर
एक शायद बैठ गाड़ी में
काम-धंधे की अँधेरी राह पर बढ़ जायेगा
दूसरा होकर थकावट चूर मद्धम खींचता साइकिल
गाँव-घर के सीले अँधेरों की तरफ़ को लौट जायेगा।
दोनों दिशाओं जायेगी ख़ून की लकीर अदृश्य
टोह ही लेंगे उसे लेकिन शिकारी
वे होते ही हैं प्रवीण
और दक्ष उनके कुत्ते।

बसन्त-दर्शन

थोड़ा सा जल
पर झलमल, सूरज भर झलमल।
चिड़िया फरकी
फर-फर करती निर्बन्ध
बसन्ती धूप बीच
नीले पट पर
चिड़िया फरकी
ज्यों
खुली-खुली
छोटी-छोटी
वह एक हँसी
ख़त मिला एक ज्यों
पहचानी लिपि में पता लिखा
कुछ बरस बाद कोई बीती धुन
एक याद
कुछ यादों की।

वह मुझे घुड़कती गयी एक मोटरसाइकिल
अति रंगदार
जूते सफ़ेद पहना सवार
नज़्ज़ारा गोया टीवी का
वह मुझे घुड़कता घुर्र-घुर्र वह नज़्ज़ारा
यह आया है ऐसा वसन्त
जिसमें हम बने फ़क़त दर्शक
केवल कद्दू।

मार्च की एक शाम में आईआईटी कानपुर

मृत्यु का अभेद्य प्रसार।
इस उजाड़ झुटपुटे में कोई नहीं
रास्ता बतानेवाला।
दुमें साधे डगडगाकर भागते-भागते भी
मनहूस आवाज़ में बोलते हैं मोर
गर्वीली गरदनों वाले कितने किशोर
आये यहाँ
गुम हो गए।
मेधा उनकी
पुकारती रही
पुकारती रही विकल।
फिर उस्ताद हत्यारों ने उसे बदला
एक निश्छल लालच में।
अन्त में बन जाएगी वह
बिल गेट्स का एक
निर्जीव किन्तु दक्ष हाथ
आत्ममुग्ध फुर्ती से घुमाता स्टीयरिंग
काटता ख़तरनाक मोड़।

दुनिया एक गाँव तो बने
लेकिन सारे गाँव बाहर रहें उस दुनिया के
यह कम्प्यूटर करामात हो।

कितने अभागे हैं वे पुल
जो सिर्फ़ गलियारे हैं
जिनके नीचे से गुज़रती नहीं
कोई नदी।

सूखा

सूखा पिता के हृदय में था
भाई की आँखों में
बहन के निरासे क्षोभ में था सूखा
माता थी
कुएँ की फूटी जगत पर डगमगाता इकहरा पीपल
चमकाता मकड़ी के महीन तार को
एक ख़ास कोण पर
आँसू की तरह।

सूर्य के प्रचंड साम्राज्य तले
इस भरे-पूरे उजाड़ में
केवल कीचड़ में बच रही थी नमी
नामुमकिन था उसमें से भी निथार पाना
चुल्लू भर पानी।

मानसून का पहला पानी

मानसून का पहला पानी पड़ता है
लम्बे व्याकुल इन्तज़ार के बाद
सुबह से,
अति ऊभ-चूभ मन
याद वही सब करता है
जो याद नहीं अब, फिर भी रह-रह बजता है
ज्यों काँसे की गागर पर बजती हों बूँदें।

वह गागर, यों तो फूट चुकी है अब कब की,
पर रक्खी है फिर भी सहेजकर पेटी में।

मोटरसाइकिल पर सैनिक

बत्ती पूरे इलाक़े की गुम
मैं टहलता था छावनी की एक पेड़ों भरी सड़क पर
सुशील के साथ
तभी सफ़ेद हैलमेट पहना एक सैनिक पुलिस
कहीं से निकला
और मोटरसाइकिल स्टार्ट करने लगा।
तीसरी बार में ही गाड़ी चल पड़ी
वह थोड़ा सा बढ़ा
फिर कंधे तक घूमकर
पीछे खाँचे में फँसी
टीन की बक्सिया को उसने हाथ से
बल्कि दाहिने हाथ से टटोला
साथ ही हमें भी देखा
उस चाँदनी भरे अँधेरे में।
एक राजसी घोड़े की सी हरकत थी
यह पल-भर का घूमना
टटोलना, संदेहविहीन घूरना।

फिर वह चला गया
वसन्त की स्वच्छ रात्रि में
पीछे धड़धड़ाती सड़क पर
उजाले की एक सुरंग बनाता
हेडलाइट से।

सुशील बेरोज़गार था
इसलिए शायद
ज़्यादा सोचता रहा होगा इस घटनाक्रम पर।

दुश्चक्र में स्त्रष्टा

कमाल है तुम्हारी कारीगरी का भगवान,
क्या-क्या बना दिया, बना दिया क्या से क्या!

छिपकली को ही ले लो,
कैसे पुरखों की बेटी
छत पर उलटा सरपट भागती
छलती तुम्हारे ही बनाये अटूट नियम को।

फिर वे पहाड़!
क्या-क्या थपोड़कर नहीं बनाया गया उन्हें?
और बग़ैर बिजली के चालू कर दी उनसे जो
नदियाँ, वो?
सूँड़ हाथी को भी दी और चींटी को भी
एक ही सी कारआमद अपनी-अपनी जगह
हाँ, हाथी की सूँड़ में दो छेद भी हैं अलग से
शायद शोभा के वास्ते
वरना साँस तो कहीं से भी ली जा सकती थी
जैसे मछलियाँ ही ले लेती हैं गलफड़ों से।

अरे, कुत्ते की उस पतली गुलाबी जीभ का ही क्या कहना!
कैसी रसीली और चिकनी टपकदार, सृष्टि के हर
स्वाद की मर्मज्ञ
और दुम की तो बात ही अलग
गोया एक अदृश्य पंखे की मूठ
तुम्हारे ही मुखड़े पर झलती हुई।

आदमी बनाया, बनाया अँतड़ियों और रसायनों का
क्या ही तंत्रजाल
और उसे दे दिया कैसा अलग-सा दिमाग़
ऊपर बतायी हर चीज़ को आत्मसात् करनेवाला
पल-भर में पूरे ब्रह्मांड के आर-पार
और सोया, तो बस सोया
सरदी भर कीचड़ में मेढक सा

हाँ, एक अन्तहीन सूची है भगवान
तुम्हारे कारनामों की, जो बखानी न जाये
जैसा कि कहा ही जाता है।

यह ज़रूर समझ में नहीं आता
कि फिर क्यों बन्द कर दिया तुमने
अपना इतना कामयाब कारख़ाना?
नहीं निकली नदी कोई पिछले चार-पाँच सौ साल से
जहाँ तक मैं जानता हूँ
न बना कोई पहाड़ अथवा समुद्र
एकाध ज्वालामुखी ज़रूर फूटते दिखाई दे जाते हैं
कभी-कभार।
बाढ़ें तो आयीं ख़ैर भरपूर, काफ़ी भूकम्प, तूफ़ान

ख़ून से लबालब हत्याकांड अलबत्ता हुए ख़ूब
ख़ूब अकाल, युद्ध एक से एक तकनीकी चमत्कार
रह गयी सिर्फ़ एक सी भूख, लगभग एक सी फ़ौजी
वर्दियाँ जैसे
मनुष्य मात्र की एकता प्रमःणित करने के लिए
एक जैसी हुंकार, हाहाकार।
प्रार्थनागृह ज़रूर उठाये गये एक से एक आलीशान।
मगर भीतर चिने हुए रक्त के गारे से
वे खोखले आत्माहीन शिखर-गुम्बद-मीनार
उँगली से छूते ही जिन्हें रिस आता है ख़ून!
आख़िर यह किनके हाथों सौंप दिया है ईश्वर
तुमने अपना इतना बड़ा कारोबार?

अपना कारख़ाना बन्द करके
किस घोंसले में जा छिपे हो भगवान?
कौन-सा है आख़िर, वह सातवाँ आसमान?
हे, अरे, अबे, ओ करुणानिधान!!

उजले दिन ज़रूर

[निराला को]

आयेंगे, उजले दिन ज़रूर आयेंगे

आतंक सरीखी बिछी हुई हर ओर बर्फ़
है हवा कठिन, हड्डी-हड्डी को ठिठुराती
आकाश उगलता अंधकार फिर एक बार
संशय-विदीर्ण आत्मा राम की अकुलाती

होगा वह समर, अभी होगा कुछ और बार
तब कहीं मेघ ये छिन्न-भिन्न हो पायेंगे।

तहख़ानों से निकले मोटे-मोटे चूहे
जो लाशों की बदबू फैलाते घूम रहे
हैं कुतर रहे पुरखों की सारी तस्वीरें
चीं-चीं, चिक्-चिक् की धूम मचाते घूम रहे

पर डरो नहीं, चूहे आख़िर चूहे ही हैं,
जीवन की महिमा नष्ट नहीं कर पायेंगे।

यह रक्तपात, यह मारकाट जो मची हुई
लोगों के दिल भरमा देने का ज़रिया है
जो अड़ा हुआ है हमें डराता रस्ते में
लपटें लेता घनघोर आग का दरिया है

सूखे चेहरे बच्चों के उनकी तरल हँसी
हम याद रखेंगे, पार उसे कर जायेंगे।

मैं नहीं तसल्ली झूठ-मूठ की देता हूँ
हर सपने के पीछे सच्चाई होती है
हर दौर कभी तो ख़त्म हुआ ही करता है
हर कठिनाई कुछ राह दिखा ही देती है।

आये हैं जब हम चलकर इतने लाख वर्ष
इसके आगे भी तब चलकर ही जायेंगे,
आयेंगे, उजले दिन ज़रूर आयेंगे।

शमशेर

रात आईना है मेरा
जिसके सख़्त ठंडेपन में भी
छुपी है सुबह
चमकीली साफ़

झील में दाढ़ी भिगोते सप्तर्षि
मुस्कुराते हैं आपस में
मेरी तरफ़ इशारा करके

मैंने प्रेम किया
इसीलिए भोगने पड़े
मुझे इतने प्रतिशोध

अकेलापन शाम का तारा था
इकलौता
जिसे मैंने गटका

नींद की गोली की तरह
मगर मैं सोया नहीं

हवाओ, मैं धुल जाऊँ
धाराओ
सूखने को फैला दो मुझे
चौड़े जलप्रपातों के कंधों पर
पत्तो मैं जमा रहूँ
तुम्हारी तरह
एक काँपती हुई कोमल ज़िद
कामगारो
तुम कहो, 'ये भी है हमीं'
अनश्वरता
मैं तुझ में धँसा रहूँ
तेरे दिल में मुसलसल गड़ती
एक मीठी फाँस!

बाँदा

मैं रात, मैं चाँद, मैं मोटे काँच
का गिलास
मैं लहर ख़ुद पर टूटती हुई
मैं नवाब का तालाब उम्र तीन सौ साल।

मैं नींद, मैं अनिद्रा, कुत्ते के रुदन में
फैलता अपना अकेलापन
मैं चाँदनी में चुपचाप रोती एक
बूढ़ी ठठरी भैंस
मैं इस रेस्टहाउस के ख़ाली
पुरानेपन की बास।
मैं खपड़ैल, मैं खपड़ैल।
मैं जामा मस्जिद की शाही संगेमरमर मीनार
मैं केदार, मैं केदार, मैं कम बूढ़ा केदार।

फ़ैज़ाबाद-अयोध्या

[फिर फिर निराला को]

स्टेशन छोटा था, और अलमस्त
आवाजाही से अविचलित एक बूढ़ा बन्दर धूप तापता था
अकेला
प्लेटफ़ार्म नम्बर दो पर।
चिलम पी रहा एक रिक्शावाला, एक बाबा के साथ।
बाबा सन्त न था
ज्ञानी था और ग़रीब।
रिक्शेवाले की तरह।

दोपहर की अज़ान उठी।
लाउडस्पीकर पर एक करुण प्रार्थना
किसी को भी एतराज़ न हुआ।
सरयू दूर थी यहाँ से अभी,
दूर थी उनकी अयोध्या।

दो

टेम्पो
खच्च भीड़
सँकरी गलियाँ
घाटों पर तख़्त ही तख़्त
कंघी, जूते और झंडे
सरयू का पानी
देह को दबाता
हलकी रज़ाई का सुखद बोझ,
चारों ओर स्नानार्थी
मँगते और पंडे।
सब कुछ था पूर्ववत् अयोध्या में
बस उत्सव थोड़ा कम
थोड़ा ज़्यादा वीतराग,
मुँड़े शीश तीर्थंकर सेंकते बाटी अपनी
तीन ईंटों का चूल्हा कर
जैसे-तैसे धौंक आग।
फिर भी क्यों लगता था बार-बार
आता हो जैसे, आता हो जैसे
किसी घायल हत्-कार्य धनुर्धारी का
भिंचा-भिंचा विकल रुदन।

तीन

लेकिन
वह एक और मन रहा राम का
जो

न थका।
जो दैन्यहीन, जो विनयहीन
संशय-विरहित, करुणा-पूरित, उर्वरा धरा सा
सृजनशील, संकल्पवान
जानकी प्रिया का प्रेम भरे जिसमें उजास
अन्यायक्षुब्ध कोटिशः जनों का एक भाव
जनपीड़ा-जनित प्रचंड क्रोध
भर देता जिसमें शक्ति एक
जागरित सतत ज्योतिर्विवेक।
वह एक और मन रहा राम का
जो न थका।

इसीलिए रौंदी जाकर भी
मरी नहीं हमारी अयोध्या
इसीलिए हे महाकवि, टोहता फिरता हूँ मैं इस
अँधेरे में
तेरे पगचिह्न।

सितारों के बारे में

[सोवियत संघ की स्मृति को]

एक

टूटते नहीं हैं सितारे
वे मिट जाते हैं आहिस्ता-आहिस्ता
जबकि उनके छूँछे प्रकाश में
हम गढ़ते होते हैं
अपने सर्वोत्तम स्वप्न।
कई लाख वर्ष पहले ही मर चुका था वह नक्षत्र
जिसकी चमक देखकर लगाते आये थे हम
सुबह होने का अनुमान।

दो

महान गणितज्ञों की तरह
वे सिर्फ़ इंगित करते हैं
दिशाओं को

राह नहीं खोजी जा सकती
उनके दिप-दिप प्रकाश में।
उस रोशनी में तो देखा नहीं जा सकता
आईने तक में अपना चेहरा।
सबसे भले लगते हैं वे
जब हवा और ओस में आभासित होती है
उनकी पत्ते की तरह काँपती हुई आत्मा—
एक किरण-कण मात्र!
भोर, जो विश्व का सर्वाधिक दिव्य प्रकाश है
उसमें अगर सिर्फ़ हाशिये पर है सितारों की जगह
तो यों ही नहीं।

तीन

छाँह रात्रि की थी, तारों की नहीं
मगर भरमाता रहा हमें प्यार।
वे तो बस मढ़ते थे रात को अपनी चमक से
जैसे अंधकार की सुन्दर व्याख्या करते
रिझाने वाले चतुर शब्द!

चार

सब कुछ करते हैं सितारे
मैं पैदा हुआ, क्योंकि कुछ सितारे ऐसा चाहते थे
मैं मर जाऊँगा
क्योंकि कुछ सितारे ऐसी योजना बना रहे हैं।
तब मंगल आया था धरती के कुछ क़रीब

जब मैंने प्रेम किया।
शनि वक्र हुआ
तो मेरा हाथ टूटा
और दिल
मैंने धक्के खाये।
रोज़गार पाने के लिए भी ज़रूरी बताया गया
वृहस्पति का ठीक-ठिकाने होना।
इस उलझे हुए आसमानी जाल के बाहर
कुछ भी करने की इजाज़त नहीं थी मुझे
पर मैं रहा पुराना
वही, कुटिल खल कामी
कुतरता हुआ
फ़रिश्तों के बुने हुए उस जाल को
चूहों की-सी अदम्य तल्लीनता से
बढ़ाता हुआ आगे तक
चीन की महान दीवार
जिसे ताकते हैं वे अपने अन्तरिक्ष से भी
एक विद्वेष-भरी टकटकी में।

जहाँ की महिलाएँ हो गयीं कहीं

मुझे भला लगे जाना उस घर
जहाँ की महिलाएँ हो गयीं कहीं।
एक निर्विघ्न स्वतंत्रता
चारपाई पर पड़ा पाजामा
चाय के भगौने में सड़ती पत्ती
इस विध्वंस में भी
प्रेम बेतरतीब।
जायेंगी तो ख़ैर जायेंगी कहाँ तक?
मायके,
थोड़ा अधेड़ हो चलीं तो भाई के घर,
या फिर आस-पड़ोस
मगर इसमें खटका है
कभी भी लौट आने का।
फिर भी
हम तो टहल ही लेंगे इस दौरान सब जगह,
लेट लेंगे कहीं भी
कुछ पका भी लेंगे

किसी डिब्बे में मिल ही जायेगा कुछ
फिर नापेंगे
अपना रास्ता।
कुछ अनमनी मायके से
भाभी से कुछ रूठी
तनिक ख़ुश
अपने नरक की बेतरतीबी में ही ढूँढ़ेंगी वे
अपनी अपरिहार्यता की तसल्ली
खीझ भरी प्रसन्नता के साथ।

चूना

जहाँ भी पड़ा वहीं पर खिल गया चूना
रोनी दीवार पर आहा क्या जगर-मगर कीन्हा।

हल्दी के संग लगा चोट पर
दे दिया मलहम का काम
कहीं पड़ा अकड़ पान-सुर्ती में तो
फाड़ डाला सब जीभ-गाल का चाम

बना सगुन ब्याह-सादी में
नाली तक के गुन गाये
भोले डिज़ायनों में भोली आत्माओं के करतब दिखलाये
चमकाया

अंधकार रह न गया सूना!

रात की रानी

1

ये फूल   जैसे बिलकुल फूल नहीं   लेकिन सबसे ज़्यादा फूल।
यह सुगंध जो सबसे ज़्यादा सुगंध है।
और इस लगभग रंगहीनता में
गट्ठर बाँधकर रखे हैं कई इन्द्रधनुष।

2

एक सुरीली घंटी के साथ
जैसे एकदम खिल पड़ती है रात।
एक भीनी महक जो बनी रहती है चौबीसों घंटे।
जैसे एक चोर नशा
जैसे प्रेम सदा सा गोपनीय।

3

चाँद भरा-पूरा इतना   आकाश लगे उसकी शोभा
फिर पुराने छायाचित्रों की तरह
अपने ही अँधेरे की तस्वीर   एक ताड़वृक्ष
फिर बरसात से भरी किसी नदी का विस्तीर्ण पाट
लहर एक-एक चमकती मछली सी।
उसमें फिर एक पालदार नाव, हाँ-हाँ वही पालदार नाव।
तट पर रेतीली आहट दौड़ते हुए कुत्तों की।
अभी गीले हैं मोटे-मोटे बादल।
नींद की ठंडी सुरंग में घुसती है
अपने नये इंजन से सरगर्म
चिट्‌टी नीली-सफ़ेद एक उम्दा मिनी बस
फर्राती।

4

सुबह के तीन बज चुके थे
जब हम उतरे
नारियल वृक्षों से गचे उस निर्जन द्वीप पर
हमारी पीठ और बाँहों पर
गीले रस्सों की रगड़ के गर्म निशान थे
और जागी हुई आँखों में
नमकीन पानी की आग कसमसाती
पर वहाँ एक खँडहर था और उसके फूटे अहाते में
चाँदनी में कराहते रातरानी के बेतरतीब झाड़
इसी पहचान ने बचाया हमें उस निर्जन का सुख बन जाने से।

लौटते समय हमने देखीं
खेतों की मेड़ों से होकर पास की नयी कॉलोनियों की तरफ़
एक उदास फुर्ती से लपकती
बर्तन माँजनेवाली स्त्रियाँ।

तारन्ता बाबू से कुछ सवाल

तोते क्यों पाले गये घरों में
कूड़ा डालने के काम में क्यों लाये गये कनस्तर
रद्दी वाले ही आख़िर क्यों बने हमारी आशा
बुरे दिनों में?
ज़रा सोचो, अक्सर वहीं क्यों जलायी गयीं बत्तियाँ ख़ूब
जहाँ उनकी सबसे कम ज़रूरत थी
जिन पर चलते सबसे कम मनुष्य
आख़िर क्यों वही सड़कें बनीं चौड़ी-चकली?
ख़ुशबुएँ बनाने का उद्योग
आख़िर कैसे बन गया इतना भीमकाय
पसीना जबकि हो गया एक फटा हुआ उपेक्षित जूता
हमारे इस समय में
जबकि सबसे साबुत सच तब भी वही था।

इन नौजवानों से कैसे छीन लिया गया उनका धर्म
और क्यों भर जाने दिया उन्होंने अपने दिमाग़ में
सड़ा हुआ जटा-जूट-घास-पात?

कहाँ से चले आये ये गमले सुसज्जित कमरों के भीतर तक
प्रकृति की छटा छिटकाते
जबकि काटे जा रहे थे जंगल के जंगल
आदिवासियों को बेदख़ल करते हुए?

आख़िर लपक क्यों लिया हमने ऐसी सभ्यता को
लालची मुफ़्तख़ोरों की तरह? अनायास?
सोचो तो तारन्ता बाबू और ज़रा बताओ तो
काहे हुए चले जाते हो ख़ामख़ाह
इतने निरुपाय?

पोस्टकार्ड-महिमा

हम पोस्टकार्डों की महिमा के गीत गायेंगे
इस मलीन समय में
उन्हें भी गिनो उम्मीद दिलानेवाली चीज़ों में

वे आते हैं जैसे कोई थोड़ा सा ज़्यादा पुराना दोस्त
जिसे ख़ास उम्मीद नहीं जो ज़्यादा फ़ायदेमंद नहीं
जो थोड़ा ज़्यादा ही बेतकल्लुफ़

जैसे घर से कोई रिश्ते का भाई
जो लौट जायेगा अक्सर बिना अधिक बोझा बने
छोड़कर कुछ मोटी-मोटी स्मृतियाँ बड़ियाँ अचार
हाँ उनसे तृप्ति नहीं होती
पर वे हमेशा पूरा करते हैं अपना काम।
हम उन फुद्दड़ पीले पोस्टकार्डों की महिमा गायेंगे

ठीक है कभी-कभी वे लाते हैं कोई बुरी ख़बर भी
तब उनकी सूरत होती है

कान-पूँछ दबाये घरेलू कुत्ते की तरह
जो कर आया हो कोई निखिद्ध काम
उन्हें फाड़ तक डाला जाता है उस समय
कूड़े के ढेर में शराफ़त से सिमटे
वे कोसते तक नहीं अपनी क़िस्मत
हाँ हम तो गायेंगे जी उन शरीफ़ पोस्टकार्डों के
महिमा गीत
जिनके आधा छपे धारीदार मुखड़े का एक कान है शेरछाप
सबसे बड़ी बात तो यह
कि वे मौजूद रहते हैं हर तरफ़
भले लोगों की तरह
ज़रूर वे दिखाई नहीं देते
सजीली लेखन-सामग्री घुसपैठिया पिक्चर पोस्टकार्डों
और रंगीन टेलीफ़ोनों के जंजाल में
मगर पता कर लो, संख्या में सबसे ज़्यादा हैं वे ही
बचकर रहते हैं राजमार्गों से
उन्हें खोना भी सबसे आसान है
फाड़ डालना तो और भी
पर फूँक में नहीं उड़ाया जा सकता उन्हें
उनसे परहेज़ करते हैं राज़पुरुष षड्यंत्रकारी
तस्कर और गुप्तचर संचार मंत्री उनसे कुढ़ता है
बूढ़ों के वे प्रिय संदेशवाहक
पहले कड़क थे
धीरे-धीरे मौसम ने म्लान किया उन्हें
मगर उन्होंने विलुप्त न होने दिया
अपने दिल पर लिखे अक्षरों को
भले लोगों की तरह

उन्हें इन्तज़ार है उस दिन का
जब उनके चौड़े सीने पर लिखी जायेगी
प्यार-मुहब्बत की बातें
ऐलानिया!

नींदें

नींद की छतरियाँ
कई रंगों और नाप की हैं।
मुझे तो वह नींद सबसे पसन्द है
जो एक अजीब हल्के-गरू उतार में
धप से उतरती है
पेड़ से सूखकर गिरते आकस्मिक नारियल की तरह
एक निर्जन में।
या फिर वह नींद
जो गिलहरी की तरह छोटी चंचल और फुर्तीली है।
या फिर वह
जो कनटोप की तरह फिट हो जाती है
पूरे सर में।

एक और नींद है
कहीं समुद्री हवाओं के आर्द्र परदे में
पालदार नाव का मस्तूल थामे

इधर को दौड़ी चली आती
इकलौती
मस्त अधेड़ मछेरिन।

ज़हीरुद्दीन डागर का ध्रुपद सुनकर

बहुत पके फूल की पंखुड़ी
बैठी जो तितली   तो डवाँडोल!
हवा की एक लहर तन्वंगी
डग धर कर बढ़े समुद्र की छाती पर हौले-हौले।
अरे सुनो, वह जल रहा है एक जंगल साँय-साँय-चट-चट-चट
भगे हिरण छूट कई एक साथ तालबद्ध चौकड़ियाँ भरते
यह कैसा सुनसान
जिसमें जाना भी वहीं जहाँ चलना?
घनघनाता पुराने दिनों का काला टेलीफ़ोन
एक ऊँची छतों वाले ख़ाली दफ़्तर के सन्नाटे में
झड़ती छत के पुराने बन्द पड़े पंखे से बारीक़ धूल।
पुकारती है कोई ऊपर के गाँव में
अपने बेटे को
सूर्यास्त के समय, व्याकुलता से।

पुरानी उम्र

बादलों भरी द्वाभा है भादों की शाम की
फेफड़ों में पिपरमिंट सी शीतल हवा का स्वाद
मैं नयी मज़बूत पानीदार सायकिल पर
शहर से बाहर खेतों के क़रीब
उम्र मेरी पुरानी सिर्फ़ तेईस
कॉलोनियाँ अभी नहीं बनी हैं,
बन्दरों के पास भारी पेड़ों के
भरपूर बसेरे हैं।
मेढकों के पास अभी है उनका
पवित्र एकांत और ताज़े पानी में
लचीली लम्बी छलाँगें।
पानी सोखकर धुली हुई नयी ईंटों से
बनना शुरू हुई ही है
स्वप्नों की वह बहुमंज़िला इमारत
जो जस की तस छूट गयी है
एक शताब्दी के लिए।

जहाँ मैं हूँ

जहाँ नशा टूटता है ककड़ी की तरह
जहाँ रात अपना सबसे डरावना बैंड बजाती है
सबसे मद्धिम सुरों में
एक स्त्री जहाँ करती है प्रेम का सुदूर इशारा
जहाँ मछली का ताज़ा पंजर चबाता है ऊदबिलाव
जहाँ भ्रष्टाचार का सौन्दर्यशास्त्र रचते हैं
नीच शासक
जहाँ कोई युवा विधवा अकेले में रोती है चुपचाप—
चौतरफ़ा बोझ है संसार
जहाँ कौड़ा तापते अब भी अडिग साथी
मशगूल हैं क़िले को भेदने की
नयी तरकीब खोजने में।

अपना घर

आख़िरकार मुझे एक घर मयस्सर हुआ।

बारिश की झड़ी को बटकर मैंने रस्से बनाये
छाजन बनाया ताड़ के मज़बूत पत्तों का
एहतियात के लिए ऊपर से आकाश की नीली पोलीथीन की
चादर भी तान दी
फ़र्श के लिए कई दिनों तक
मैं चोरी से काटता रहा चाँदनी के चौकोर टुकड़े
दीवारें पोतने के लिए लाया मैं दोस्तों और देवताओं से रंग
यों मुझे एक घर मयस्सर हुआ अधेड़ उम्र में।

मेरे घर में एक कोना पिता का है
जो काफ़ी उम्रदराज़ हैं मैं अपराधियों की तरह सोचता हूँ
एक में हम दोनों जन
एक में बच्चे और किताबें
एक मेहमान का है जिसे अक्सर मैं ही
लेटने-बैठने-खाने और चोरी से सिगरेट वग़ैरह
पीने के काम लाता हूँ।

इस कोने में मार्क्स और ब्रेख्ट की
तस्वीरें लगी हैं।
एक कोना टेलीफ़ोन के लिए भी है
जिसके बग़ैर आजकल गुज़र नहीं
एक कोना टेलीविज़न के लिए भी है
जिसके बग़ैर आजकल गुज़र नहीं
एक गुप्त कोना भगवान के लिए भी है
जिसके बग़ैर आजकल गुज़र नहीं।
यों हर ज़रूरत को ध्यान में रखकर बना
एक सात कोनों वाला घर मुझे मयस्सर हुआ

यह घर सारा जीवन मेरे साथ चलेगा
बैंक की क़िस्तों की तरह।

पाइप के पानी की नींद

रात को पाइपों के भीतर
पानी सो जाता है एक बहुत लम्बी तरल नींद
उसी नींद में छूता है उँगली बढ़ा-बढ़ाकर
नदी को
हिमशिखरों को
चट्टानों के काई लगे चिकने पेट
और चाँदनी में चमकते देवदारु की छाया को
सोते में भी कोशिश करता है
जहाँ तक हो बचकर रहे
रात-दिन उत्सर्जित होते तेज़ाब से।
सुबह धुँधलके में सबसे पहले जिसने नल खोला
उसी ने सुना अँजुली भरने से पहले
पाइप के पानी का वह इकलौता रोता हुआ गीत
सोते में सीखा हुआ।

माँ की याद

क्या देह बनाती है माँओं को?
क्या समय? या प्रतीक्षा? या वह खुरदरी राख
जिससे हम बीन निकालते हैं अस्थियाँ?
या यह कि हम मनुष्य हैं और एक
सामाजिक-सांस्कृतिक परम्परा है हमारी
जिसमें माँएँ सबसे ऊपर खड़ी की जाती रही हैं
बर्फ़ीली चोटी पर,
और सबसे आगे
फ़ायरिंग स्क्वैड के सामने।

अधेड़ नैनीताल उधेड़बुन

1

आँखों पर पानी
क्यूबिकों फ़ीट पानी
ठंडा दबाव सहते
देखता है एक अधेड़ तैराक
कई अनूठे दृश्य
महसूस करता फेफड़ों का सुशीतल पानी निगलना।

2

एक दमकती हुई डबलरोटी
की ओट में
देखी मैंने
युवा शरारत की लालसा
सँजोये हुए रुपहले केशों में गौरैयों ने डाल दिये थे
तिनके

उतरता वसन्त
उनके घर बसाने का समय है।
कॉफ़ी पी जाय
सुना जाय संगीत
देखा जाय
अपने ऊपर ढहते अपने घर को
बैठकर पुरानी आरामकुर्सी पर।

3

ओठों में एक ख़ुश्की
झरना किसी शानदार द्वार से
रंग की एक कत्थई पतली परत का

यह भी प्रेम है शायद
इस सबको देख पाना।

4

अगर तुम्हारा कुत्ता तुम्हारा कहना मानता हो
तभी मुझे अपने घर बुलाना
अगर तुम्हारी माँ ऊँचा सुनती हो
तभी मुझे अपने घर बुलाना
अगर तुम्हारा मन अठखेलियाँ करता हो
तभी मुझे अपने घर बुलाना।

5

घुटने दुखते हैं चढ़ान में
मन लेकिन काकड़-हिरण-हृष्ट-पुष्ट नीलगाय।
झकझोर मीठी जलेबी खायी   तो तुम्हें याद किया
पतलून की पेटी पर चाशनी पोंछी   तो तुम्हें याद किया
दूर से मोटर रोड देखी   तो तुम्हें याद किया
और तो और   तुम्हें देखा तो भी तुम्हें याद किया।

कौए

[वॉन गॉग के प्रसिद्ध चित्र की विकृत स्मृति]

वे जमा हो रहे हैं चारों दिशाओं से
गलीज़ फड़फड़ाहट से भरा आकाश
जैसे उनका डैना हो फ़क़त   ऐसी ख़ुशी

उनकी आवाज़ एक उत्साह भरी हिंसा है
जैसे साँड़ हों वे
जैसे हो अंधकार का साक्षात् आत्मविश्वास

मगर वे साँड़ कहाँ हैं?
कौए हैं वे, गर्म   गन्दे।

कृतघ्नता पलती है उनकी
पिद्दी सी देह में
तन्दुरुस्ती की तरह।
आहार के लिए उन्हें चाहिए चूहे
या

भोजन करते किसी अनभिज्ञ लड़के के हाथों की
रोटी
ख़ुद वे कुछ भी नहीं कर सकते
सिवाय शोर और चोरी के।

फ़रवरी का स्वागत

आओ हे फ़रवरी!
पोते जा रहे तुम्हारे लिए
कम्पनी बाग के रेलिंग
खिल रहे दनादन फूल
खुल गया, वहाँ भी, तुम्हारे लिए
मुग़ल गार्डन का द्वार
लेकिन आओ-आओ
घुटनों चलती हमारी बेटी
पहले हमारे पास आओ।

पंख दो हवा को मुलायम-मुलायम
छतरी की तान दो गुलाबों को
तनिक जंगलों का सुशीतल भीनापन
दे दो धूप को भी ज़रा
नये वर्ष की आँच
मेरे आलसी अँधेरे में भी चमको थोड़ा

एक झकझक किरण।
समय अन्तहीन है महाराजदीन
और विपुला है हमारी पृथ्वी।

सूअर का बच्चा

बारिश जमकर हुई, धुल गया सूअर का बच्चा
धुल-पुँछकर अँगरेज़ बन गया सूअर का बच्चा।
चित्रलिखी हकबकी गाय, झेलती रही बौछारें
फिर भी कूल्हों पर गोबर की झाँई छपी हुई है
कुत्ता तो घुस गया अधबने उस मकान के भीतर
जिसमें पड़ना फ़र्श, पलस्तर होना सब बाक़ी है।

चीनी मिल के आगे डीजल मिले हुए कीचड़ में
रपट गया है लिये-दिये इक्का गर्दन पर घोड़ा
लिथड़ा पड़ा चलाता टाँगें आँखों में भर आँसू
दौड़े लोग मदद को, मिस्त्री-रिक्शे-ताँगेवाले।

राजमार्ग है यह, ट्राफ़िक चलता चौबीसों घंटे
थोड़ी-सी भी बाधा से बेहद बवाल होता है।

लगभग बन्द हुआ पानी पर टपक रहे हैं खोखे
परेशान हैं ख़ास तौर पर चाय-पकौड़े वाले,

या बीड़ी माचिस वाले।
पोलीथिन से ढाँप कटोरी लौट रही घर रज्जो
अम्मा के आने से पहले चूल्हा तो धौंका ले
रखे छौंक तरकारी।

पहले-पहल दृश्य दीखते हैं इतने अलबेले
आँखों ने पहले-पहले अपनी उजास देखी है
ठंडक पहुँची सीझ हृदय में अद्भुत मोद भरा है
इससे इतनी अकड़ भरा है सूअर का बच्चा।

टीवी का अप्रस्तुत नैरेटर

एक

दिखाई नहीं देना था
इसलिए थोड़ाऽऽ सा ज़्यादा हँस गया आवाज़ में
बात पर ज़रा ज़ोर देने के लिए;
वहीं पर पकड़ लिया गया
कोल्हापुरी चप्पल पहने वह खोखलापन।

कुछ अजीब सी बात थी उस हँसी में।
जैसे दवाओं की कोई भव्य दुकान
जिसमें खिलौने भी
ग्लूकोज़ की बोतलों के साथ-साथ।

दो

'क़ायल कर लूँगा दर्शकों को
सारे रंगों को ध्वस्त कर दूँगा

कैमरा रह जायेगा महज़ एक काला उपकरण
बहा ले जाऊँगा मैं वह सब,
छा जाऊँगा।'

'नहीं भाई, नहीं'
हिलती है प्रोड्यूसर की रत्नजड़ित मोटी उँगली
'ऐसे तो तुम कर दोगे
सब सत्यानाश।'

तम्बाक़ू

चलो तो निकल चलो घर से बाहर
फुसफुसाता है रक्त में छिपा तम्बाकू।

इसे भी उगाया था
चौड़े पत्तों वाले इस बदमाश को
मेहनती हाथों ने
इतनी लगन और चाव के साथ, खेतों में।

हमारे ही हाथों पैदा होते हैं कई बार
हमारे दुश्मन प्यारे-प्यारे।

नीबू को सलाम

नीबू
तुझे सलाम।
ख़ुशबू की मारी टिटकारी
फिर भी, कहा नहीं मैं फल हूँ।
नीबू, तुझे सलाम।

काग़ज़ी थे
पीत झिल्ली ज़िल्द के वे छिद्र भी
दिखते नहीं थे
और उस उम्दा पीले की सानी कहाँ
जो हरी मिर्च की बग़ल हो
चाहे उबले चनों के नाज़ुक ढेर पर
बेहतर किसी भी फूल से।

और रँग दे पूरा गिलास, ऐसा रस!

फिर वे तीखी सुगंध वाले फूल
मुट्ठी भर-भर फेंके जाते ज्यों गुच्छे से?

मैं क्या कहूँ इस वक़्त
उस काले फाटक के बारे में
जिसको तुच्छ कर देते थे वे
राह पर बिछे रहकर भी,
हाय वे तीखी ख़ुशबू वाले नीबू के फूल
फाटक के इधर तक फेंके गये
गुच्छे की मुट्ठी से बेधड़क
मुझे अब भी बुलाते हैं वे
चमकीले दाँतों की खुली हँसी की तरह।

कम्प्यूटर-कक्ष

एक

वातानुकूलित
स्वच्छता
सुरीली कट्ट-टक्
जूते-चप्पल बाहर
सिगरेट हरगिज़ नहीं
पान थूकना हो तो फ़र्लांग भर जाओ
ऐसी नक्शेबाज़ मशीन पर मैं लानत भेजता हूँ।

दो

कमरे में लगे अमेरिका
घर लगे बेगाना
न भी देखता हो कोई, तब भी
ये कि पतलून साफ़ हो
इससे तो भली वे लड़कियाँ

जो पहनती हैं कमीज़-पैंट आदि-आदि
मन-ही-मन उनसे कह तो सकते हो—'जानेमन जानेमन'।

तीन

छत में उलटे-सीधे इतने छेद बनाये क्यों?
और फ़र्श पर ये चिकने क़ालीन बिछाये क्यों?
दरवाज़े पर काँच लगाये जगमग-जगमग ज्योति करी
भगवान बने बैठे हैं कम्प्यूटर और कम्प्यूटरी।

सजना! सजना!

तनिक ग्रीवा हुई बंकिम
बस ज़रा सी खिंची भृकुटी
कान में बुन्दा जमाती
उँगलियों की चपल हरकत।
हथेली की जुड़ी दोनों गदेली
दो कुहनी—त्रिभुज
भिंची आँखें रंच-भर
भरपूर देखा स्वयं को फिर एक बार
कुछ नेह से, कुछ कौंध से
कुछ थकन से भरकर।

वाह, यह सजना!
भाड़ में जा री, अरी बम्बई! अपने असंख्य सजना समेत
धिक्कार तेरी काव्य-भाषा को!

डीज़ल इंजन

[यान्नी के स्वागत में]

आओ जी, आओ लोहे के बनवारी
अपनी चीकट में सने-बने

यह बिना हवा की पुष्ट देह, यह भों-पों-भों
आओ पटरी पर खड़कताल की संगत में
विस्मृत हों सारे आर्त्तनाद

आओ, आओ चोखे लाल
आओ, आओ चिकने ग्वाल
आओ, आओ दुलकी चाल
पीली पट्टी लाल रूमाल

आओ रे, अरे उपूरे, परे, दरे, पूरे, दपूरे
के रे, केरे?

दुर्बल मन

मन दुर्बल हुआ
और दुश्मन दौड़े
बदमस्त इच्छाओं के घोड़े
महारथी की अनुकम्पा भरी मुस्कान
और सोने के हाथों में चमड़े के कोड़े।

जाना ना, ना जाना उस ठौर
खीसें निपोरने के अलावा कुछ और नहीं
आ पायेगा
यों जाना।

बड़े शहर में

कम पानी में काम चलाना
हमने सीखा
गाड़ी में उलटा टँग जाना
हमने सीखा
झोले में तरबूज़ छिपाना
हमने सीखा
झूठ बात को सच्चे मन से सत्य मानना
अपने जीवन में अपनाना हमने सीखा।

जो सुन्दर था

जो सुन्दर था
गतिमान भी था वही
पकड़ा न गया।

पकड़ा गया मैं
जकड़ा गया।

विद्वेष

यह बूचड़ख़ाने की नाली है।
इसी से होकर आते हैं नदी के जल में
ख़ून
चरबी, रोयें और लोथड़े।

प्रेम की सुन्दरता का निषेध करनेवाले
इसी तट आते हैं
हाथ-पैर धोने।

जो शहर कहीं था ही नहीं

एक

कहीं नहीं था वह शहर
जहाँ मैं रहा कई बरस जाना प्रेम,
अतीव सुन्दर
उस कहीं नहीं शहर में।
यों लगता था ख़ाली
गो कि मकान थे बहुत
जमी हुई खपड़ैलों वाले   विशाल 'मकानात'
और उनमें लोग भी रहते ही होंगे।
मुहल्ले-भरपूर-बूढ़े। क्या ही सजीले पान। मिठाई की दुकानें।
एक से एक बढ़कर। सूरमा मच्छर।
मेला साल में एक बार ज़बरदस्त।
उस तरफ़ पेड़ भी बहुत से। झाड़ मेहँदी के।
जलपक्षी
कभी कोई भटकते चले आते आबादी तक—'समुद्री कौए'।

गर्मी की सूनी लपक-लू सड़क पर
चलता चला जाता रिक्शा पालदार नाव की तरह मद्धम
खिंचता मगर
एक आदमी के प्राणों से।
इन्हीं सबके बीच पाया था मैंने तुम्हें
उस शहर में
जो कहीं था ही नहीं।

दो

तभी मैंने जानी
नमक के स्वाद की दिव्यता।
तभी मैंने जाना
स्वप्न दरअसल नींद में आते हैं, तो मजबूरी में।
तभी मैंने जाना
कुछ पाये बग़ैर भी मुमकिन है सुख।
तभी मैंने जाना
हम जैसों के लिए भी बनी है पृथ्वी।

तीन

कबूतर ढेर सारे
ग़ुम्बदों की ढलानों पर भी, इत्मीनान से
उनमें कई सफ़ेद, चितकबरे भी
घर का मोह छोड़ आये दिलेर।
जैसे उदासी में जबरन घुसी ठिठोली।
चीलें तो ख़ैर व्यस्त रहतीं, आसमान में

अपना आहिस्ता फ़ुटबाल खेलने में
लिहाजा इन्हीं कबूतरों के सुपुर्द थी उस शहर की
चौकसी
ग़नीमत थी कि
वह कहीं था ही नहीं।

चार

'मेहनत'—हाँ ज़रूरी है   गुज़ारा कहाँ इसके बग़ैर।
मगर 'मेहनतकश'—बिलकुल नहीं
कहीं नहीं शहर में निषिद्ध है यह शब्द।

पाँच

दो सौ कमरों की इमारत
चार सौ खिड़कियाँ
घूरती बाहर अँधेरे को
ज्वर-जलित निगाहों से।
बाहर अँधेरे को झाड़ता नीम शाँय-शाँय
घोलता
रात्रि की शीतलता में
अपनी पकी पीली निमोलियों की
आयुर्वेदिक सुगन्ध।
सो जाओ बच्चो, रात बहुत हो चली
अभी दिन हैं परीक्षाओं में।
या फिर फूट ही पड़ो एक समवेत गान में

खील-खील करते यह अंधकार।
शामिल होऊँ मैं भी, अधेड़।

छह

उल्लसित
कोई भी हो सकता है
रात जैसी चीज़ तक
जो असल में कोई चीज़ तो हरगिज़ नहीं।
ऐसी फ़रेबसम्भवा है भाषा
मगर एक क़दम रखना भी मुमकिन नहीं उसके बग़ैर
वहाँ उस कहीं नहीं शहर में।

पहाड़ों का पक्षी

[देवताले की कविताएँ याद करते]

आम का वह पेड़ भारी नहीं।
उसकी कम घनी शाख़ों पर फुदकता
दीख रहा है
कुछ बेडौल सी आवाज़ में बोलता
पहाड़ों का वह पक्षी।
    जहाँ से वह आया
    उधर ही मेरा घर भी था कभी।
    एक नदी थी
    दीखने में कृशकाय
    मगर ख़ूब भरी पानी से।

ईश कृपा

कितने स्वप्न नहीं देखे मैंने
कितनी इच्छाएँ नहीं कीं
भाँति-भाँति की।
हे ईश्वर, पापों से लिथड़ा हुआ था जीवन
हालाँकि तू गवाह है, पर्याप्त कर नहीं पाया मैं।
ज़्यादातर थे मेरी पकड़ से बाहर।
कच्ची नींद में जब अपनी ही बजती हुई
नाक तक सुनाई देती है
मैंने साकार होते देखीं
कितनी ही दुर्लभ मनोकामनाएँ
हाँ, उनमें कुछ बहुत निर्मल सपने भी थे
जो जाते थे
तेरी दया और मेरे भय से बाहर।

उन्होंने ही बचाकर रखा है मुझे
तेरी कृपा के बावजूद।

आयु

स्त्रीलिंग की तरह आयु घुलता जाता है
गिलास-भर पानी में जैसे चम्मच-भर नमक गाढ़ा।
चटोरापन बनकर
हिलगा तो चल आया
बचपन
साथ-साथ   गोया
एक पुरानी चोट का
निशान।
गोया
लिखे—गोंजे पोस्टकार्ड पर
कोने में छिपा
डाक टिकट।
मोहर-दर-मोहर
ठोंका गया
मगर
छोटा ही होता गया हृदय
हरदम

गिलहरी सा क्षुद्र
बस
आस ही पास
सूँघता, मँडराता।

घिग्घी

स्वप्न में मैं डरा
घिग्घी बँधी
पुकारता था किसी को
मगर निकलती न थी आवाज़
कौन था आख़िर, वह मेरा स्वजन
जिसे पुकारने को होता था सपने में?

घिग्घी की गाँठ खोलने को
जब प्राण तक बन जाते थे
उँगलियाँ और नाख़ून
कौन खड़ा देखता था तब मुस्काता
क्रूरता के साथ
मगर दिखाई न देता?
ग़ालिब किंवा प्रसाद जी की यह औलाद
कहाँ से बची रह गयी
कलेजे के इस बियाबान में?

माथुर साहब को नमस्कार

परसों ही सोचा था मैंने
शायद वे रहे नहीं अब दुनिया में
अचानक अभी दीख गये सड़क पर
मैंने किया चकित नमस्कार
साइकिल के हैंडिल तक झुककर।
परसों भी सोचा था उनकी बाबत
शायद दस-बारह बरस बाद,
देखा तो होगा आख़िरी बार
शायद पन्द्रह-बीस साल पहले
नावल्टी सिनेमा के सामने।
तब तो सिनेमाघर होते ही थे एक ख़ास जगह शहर में।
साइकिलों-रिक्शों के छापामार पहियों से
बचाते जाते थे हमेशा की अपनी सफ़ेद पतलून-बुश्शर्ट
रिटायर हुए थे सम्भवत: उन्हीं दिनों।

ठीक तीस बरस पहले वे पढ़ाते थे दसवीं में हमें
गणित और भौतिक विज्ञान

कैसी भली लगती थी
विनम्र गर्वीले चेहरे पर
वह कड़कदार मुस्कान
जिसे पता चल चुके थे गणित के सारे विकट भेद।
बूझ नहीं पाता था मैं गणित रत्ती-भर
मगर मानता था ऐसा रोब और आदर
कि कभी न बनाये उनकी क्लास में
कॉपी पर चील-बिलाव।
कक्षा से भागने का हुनर नहीं आ पाया था तब तक
बैठा रहता था शान्त
मैदान में होते गुल्ली-डंडा की तरफ़ तक
न फरकाता था गर्दन
ताका करता था उनके पीले-सफ़ेद झरझरे बाल
जो जैसे सीझे नमकीन समुद्री हवाओं में।

अरी बुश्शर्टो,
झूलती बाँहों वाले किस रंगीन नरक में
छोड़कर चली गयी हो तुम हमें
जहाँ सफ़ेद भी हमलावर है आज
जहाँ हिंसा है प्यार
जहाँ प्रार्थना भी उबकाई की ह्वाक-ह्वाक।
इतना सोचते समय ही याद आया अचानक
अभी जिनको किया नमस्कार वे तो थे
एक श्रोत्री जी जिनसे मुलाक़ात हुई थी पाँचेक साल पहले
किसी सभा-शादी में
बाद में भी एकाध बार कभी-कभार।
बाल हैं वैसे ही सफ़ेद हाँ कुछ वैसी ही झाँई देती मुस्कान
सर्दी के दिन हैं हवादार

मफ़लर भी लगाये थे उसी तरह कोट की गर्दन से सीने तक
कॉलर के दोनों ओर तहाये उसी प्रकार
इसी से धोखा हुआ शायद।

असल में लोगों में ही दीख जाते हैं लोग भी
लोगों में ही वे बच रहते हैं
किसी चमकदार सुघड़ मज़बूत विचार की तरह
दीख जाते हैं कौंधकर जब लग रहा होता है 'सब ख़त्म हुआ'
लोगों में ही प्रतिबिम्बित होता है भौतिकशास्त्र का
यह अविनाशी संसार
शुक्रिया श्रोत्री जी माथुर सर शुक्रिया
याद रखूँगा मैं अपना सीखा गणित का एकमात्र सूत्र :
'शून्य ही है सबसे ताक़तवर संख्या
हालाँकि सबसे नगण्य भी'
याद रखूँगा मैं पूरे संसार को ढोनेवाली
नगण्यता की विनम्र गर्वीली ताक़त
जिसे अभी सही-सही अभिव्यक्त होना है।

रात-गाड़ी

[मंगलेश को एक चिट्ठी]

रात चूँ-चर्र-मर्र जाती है
ऐसी गाड़ी में भला नींद कहीं आती है?

इस क़दर तेज़ वक़्त की रफ़्तार
और ये सुस्त ज़िन्दगी का चलन
        अब तो डब्बे भी पाँच एसी के
        पाँच में ठुँसा हुआ बाक़ी वतन
        आत्मग्रस्त छिछलापन ही जैसे रह आया जीवन में शेष
        प्यारे मंगलेश
        अपने लोग फँसे रहे चीं-चीं-चीं-टुट-पुट में जीवन की
        भीषणतम मुश्किल में दीन और देश।
        लोगों के दुःख तनिक कम न हुए बढ़े और बढ़े और और
        प्यास लगी होने पर एक ग्लास शीतल जल भी
        प्यार सहित पाना आसान नहीं
        बेगाने हुए स्वजन
        कोमलता अगर कहीं दीख गयी आँखों में, चेहरे पर

पीछे लग जाते हैं कई-कई गिद्ध और स्यार
बिस्कुट खिलाकर लूट लेने वाले ठग और बटमार
माया ने धरे कोटि रूप
अपना ही मुल्क हुआ जाता परदेस। प्यारे मंगलेश।

रात विकट विकट रात विकट रात।
दिन शीराज़ा।
शाम रुलाई फूटने से ठीक पहले का लम्बा पल।
सुबह भूख की चौंध में खुलती नींद
दाँत सबसे विचित्र हड्डी
तैश में लगातार फ़्लैट की बालकनी से
झाँकता छोटी नस्ल का व्यक्तित्वहीन कुत्ता
टेलीविज़न
अख़बार भाषा की खुजाती हुई बड़ी आँत
विश्वविद्यालय बेरोज़गारों के बीमार कारख़ाने
गुंडों के मेले राजधानियाँ
कलावा बाँधे गद्‌गद खल विदूषक
सोने के मुकुट पहनते उतरवा रहे हैं फ़ोटो
प्राथमिक शाला के प्रांगण में
नाच रहा है विभोर विश्वबैंक का कार्याधिकारी
बावर्दी बेवर्दी हत्यारे
रौंद रहे गाँव-गाँव-नगर-नगर
एक प्रेतलीला सी जैसे चलती रहती है लगातार।
दिल को मुट्‌ठी में भींचे
घसीटता लेता चला जाता है कोई
बिना देखे पार कर जाता हूँ उन नवेली गाड़ियों का
ख़तरनाक शाँय-शाँय ट्राफ़िक
जा पहुँचता हक्का-बक्का कर देने वाले मगर बंजर सभागार में
जहाँ छत से लगातार बरसती

रेत और गिट्टियाँ।
    उधर मेरे अपने लोग
    बेघर बेदाना बेपानी बिना काम मेरे लोग
    चिंदियों की तरह उड़े चले जा रहे हर ठौर
    अपने देश की हवा में।

फ़िलहाल श्रवण सीमा से आगे इसीलिए अश्रव्य है
उनका क्षुब्ध हा-हाकार
घनीभूत और सुसंगठित होनी है उनकी वेदना अभी
सुरती ठोंकता हुआ कर रहा हूँ मैं
प्रागैतिहासिक रात के बीतने का यही इन्तज़ार।
फ़िलहाल तो यही हाल है मंगलेश
भीषणतम मुश्किल में दीन और देश।
संशय ख़ुसरो की बातों में
ख़ुसरो की आँखों में डर है
इसी रात में अपना घर है।

कन्हाई के दिन का प्रारम्भ

कान में दातौन खोंसे
पीत पट लुंगी लगाये
मींजते आँखें   चले धोने नहाने
उसी तट की ओर कान्हा   उसी तट की ओर।
छरहर   पुष्ट-श्यामल देह
चिपकी अभी भी कुछ यहाँ थोड़ी वहाँ पर
रमण रेती   झरझराती भोर के आलोक में।
टूटे बदन   मन में मोद थोड़ी कुटिलता
से देखते भर आँख
वृषभान की ऊँची अटारी को
दुहते गाय हमजोली ग्वाले ने मारा लम्बा खँखारा।
    पहुँचे तीर अति गम्भीर जगमग श्यामला नदी का चित्त।
    स्वच्छ रेत पर रखा पीत पट
    भइया फिर उतर पड़े जल में
    चबाते दातौन।
    स्वच्छ शीतल-गुनगुना जल धक्के से लगाये
    उखड़े चले जाते पैर।

फिर चित लेट गये गुदगुदाती धार में
बहे जाते बमय दातौन
किसी शव की तरह प्रसन्न।
यों कन्हाई का एक दिन शुरू हुआ
गोपालक दिनों में।

पिद्दी का शोरबा

पिद्दी कभी देखने नहीं मिली
मगर औटाते रहे जीवन-भर पिद्दी का शोरबा
मनोरंजक बन सकता था मगर बनते-बनते
दुःखद बन गया यह प्रकरण।
दुःख की भी भली कही
घर में घुसकर अड्डा जमा गया
जाने कब अनुपस्थिति में
एक ढीठ टपकता हुआ कुत्ता   गँधाता
हँकेलो तो कूँकता है   ज़्यादा करो तो गुर्र-गुर्र
मगर टस्स से मस नहीं
पूरा घर मार परेशान।

घर तो बहरहाल घर था   चलना ही था उसे
ना-ना करते भी
जैसे खड़े-खड़े चलनी थी सरकार
अपूर्ण बहुमत में थरथराती
भैंसे की गरदन की तरह बन गये थे

आत्मा की गरदन पर गुलथुले
जिन्हें कहते थे फले-फूले घर की पहचान
यह गृहस्वामित्व था
इन्हीं गुलथुलों के गूदे को औटाते थे
पिद्दी के शोरबे में
पिद्दी तो कभी देखने भी नहीं मिली।

जलेबी

भारत को बचाकर रखेगी
जलेबी
यों ही नहीं बन गया
वह ख़मीर
उसके पीछे है
हज़ारों बरस की साधना और अभ्यास
जिसे रात-भर में अंजाम दे दिया गया
इतनी क़रारी पूर्णता के साथ।

तपस्वी विलुप्त हो गये
घुस गये धनुर्धारी महानायकों के दौर
गांधी जी तक हलाक़ कर दिये गये
जलेबी मगर अकड़ी पड़ी है थाल पर

सिंककर खिली
किसी फूल जैसी
वह सुन्दर और गर्मागर्म
पेचीदा सरसता।

तोते की फुसकारें, आम की निराशा

तोते ने फुसकारा
इससे ही कुछ मीठा हो गया
बिचारा
कच्चा आम!
बाहर कुछ झूरा कुछ पड़ा नीला
भीतर कुछ पीला
तबीयत में आ गयी चिरपिरी एक
मौसम ने मारा डंठल ने ढीला किया
ऊपर से उद्दंडी लड़कों ने लिया देख।
पत्तों में छिपना
बेकार रहा
मंत्र फुँका
यों नक़ली पकना बेकार रहा
जीवन-भर रहा
कच्चे का कच्चा
तोते का फुसकारा सोंधा मीठा आम।

फ़रमाइशें

कुत्ते मुझे थोड़ा सा अपना स्नेह दे
गाय ममता भालू मुझे दे दे यार,
शहद के लिए थोड़ा
अपना मर्दाना प्यार
भैंस दे थोड़ा बैरागीपन बन्दर फुर्ती
अपनी अक्ल से मुझे बख़्शे रखना सियार।

नूतन बाइस्कोप

हम सनत समय के उत्तम चट्टे-बट्टे हैं
फिर अवसर पाकर हुए यहाँ पर कट्ठे हैं।

ला-लाकर देंगे गेहूँ की ताज़ा बालें
अनबूझ लिखे से चर्चित भोजपत्र छालें
भाँडे-बर्तन लायेंगे हम बस्तर वन के
महुआ के फूल, नगाड़े, आदिवासी जन के
पर्वत की वाणी व्याकुल नदियों का गर्जन
चक्की की रूँ-रूँ माँओं-बहनों के क्रन्दन।
हम गा सकते वह भी, क्या कहते हैं 'मल्हार राग'
हाँ उसमें नहीं रहेगी वह सब तड़प-आग
जो कविता की दुश्मन है, जीवन की दुश्मन
जो बिला वजह ही बादल का हिस्सा हैं
छोड़ो ये बातें ये तो दीगर क़िस्सा हैं;
इनके मारे मर गया निराला बिना बात
वरना कवि अच्छा-ख़ासा था, बदनाम हुआ।

हम रोयेंगे तो बादल भी शर्मायेगा
वह ग्लीसरीन की तरह किंतु चमकायेगा
नंगे लोगों की देह भूख का सन्नाटा
गोरे मुखड़े पर काले पंजे का चाँटा
जीवन का अविरल सफ़र, अहा! क्या है, क्या है!!
हम उसे सजाने वाले हट्टे-कट्टे हैं।
        वह चमक रहा जो झिलमिल करुणा का वितान
        उसमें ही है हम लोगों की सहकारी दुकान
        है छोटी, लेकिन माल बहुत मिल जायेगा
        आइए कभी, दिल अपना ख़ुश हो जायेगा,
        गारंटी है।

पोदीने की बहक

सब्ज़ी ठेले की बग़ल से भी गुज़रो
तो तर कर देगी वह ख़ुशबू
जो इतनी अलौकिक है
कि आँखों के रास्ते ही दिमाग़ में जा पहुँचती है
और फिर फेफड़ों से होती हुई
छा जाती है हस्ती पर।

जैसे ब्राह्मी आँवला केश तैल की स्वातंत्र्योत्तर सुगंध।

उन ख़ुशबुओं से कोई एतराज़ नहीं मुझे
जो वैश्वीकरण के इन दिनों इतनी भरपूर हैं
कि ठसाठस भरी बसों में भी
गला दबोच लेती हैं
झूठ क्यों बोलूँ उनमें से कई तो काफ़ी मनभावन भी हैं
सौम्य पाश्चात्य संगीत की तरह
लेकिन पोदीने की बात इस सबसे ज़रा अलग है
जिसे ये हिन्दुत्ववादी तो हरगिज़ नहीं समझ पायेंगे :

महीना जून का है
लू लपटाये ले रही है कचहरी में
पाकड़ के भारी दरख़्त को।
घनी छाँह में चिड़ियों की सूखी-ताज़ा
दोनों तरह की बीट से रँगी
प्रागैतिहातिक काष्ठकला के निरभ्र नमूने सरीखी
तख़्तों की बनी कुर्सी पर बैठ समोसा-चटनी खाते
सन् पचहत्तर से प्रैक्टिस करते लगभग असफल वकील साहब
को देखो—
मौसमों की मार खाये
काले कोट में
किसी पुराने छाते की तरह ललछौंहे और जर्जर
मुश्किल से हाथ आये उस फटेहाल
मुवक़्क़िल को पूरी तरह चबा जाने की
बेताबी है उनकी अन्यथा निरीह आँखों में
बेमेल चश्मे से मढ़ी ये आँखें
कभी भरी रहती थीं
समाजवाद राममनोहर लोहिया भारतीय संविधान
और न्यायपालिका आदि की
अजेय सर्वोच्चता की जगमग से।
फ़िलहाल उनमें मोतियाबिंद भर रहा है।

इस समय अगर वो कुछ चमकती दीख रही हैं
तो उसका कारण वह थोड़ा चटोरपन और थोड़ी तृप्ति है
जो उपजी उस चटनी से
जिसे तैयार किया अलस्सुबह के एकांत में
दस वर्षीय प्रशिक्षु कारीगर ने

महर्षि चरक की पसंदीदा इस सुगंधित शीतल बूटी के साथ
हरी मिर्चें   इमली का गूदा   और गुड़ पीसकर।
यह अलग बात कि प्रशिक्षणार्थी के
गालों की चुटकी भर रहा था
उस समय उद्दंड अधेड़ वरिष्ठ कारीगर बार-बार
जिससे ग्लानिग्रस्त उस असहाय बालक के
आँसू ढुलके पड़ रहे थे।
वे भी मिले हों शायद पोदीने की
इस चटनी में।
इस प्रसंग को पाद-टिप्पणी ही जानें।

मिष्टू का मामला

[शंकर शैलेन्द्र को याद करते]

मिष्टू प्यारी बच्ची थी
लगभग चन्दनबाड़ी थी।
उसकी थी जगमग मुस्कान
उसके सात रंग के होंठ
अंडर-बंडर बातें उसकी नौ रंगों की
छह नम्बर का उसका पैर
मेरी कक्षा में पढ़ती थी अब तो ख़ैर
कहीं की कहीं को गयी भी।

पढ़ने-लिखने में मंदी थी मगर अक्ल की काफ़ी तेज़।

था मिष्टू में फूलों का वास
उसके मन में चाँद चमकता बादल करते रोर
तड़-तड़ कभी तड़कती बिजली
कभी नाचते मोर
कभी-कभी रिमझिम बारिश की

कभी हवा उत्तप्त कठोर
हाँ जी, हाँ, मैं उससे प्यार करता था।

मीता मिष्टू उखड़ा-उखड़ा अपना तो बस वही हाल है
ऊपर से जीवन के रस्ते हुए कुछ अधिक दुर्गम-बीहड़
छूटे कितने संगी-साथी डवाँडोल हो रहे हौसले
और उम्र भी ज्यों मुस्काती बाँध रही तस्मे सैंडिल के
देह-धर्म भी धीरे-धीरे बदल रहे हैं।
फिर भी बाँधे गाँठ-पोटली में जिन-जिन बातों की
जिनकी लेकर टेक बढ़ा जाता हूँ मैं अब भी आगे
उन्हीं बड़ी बढ़िया बातों में प्यारी मीता
तेरे भी कितने ही, कितने ही ख़याल हैं।

घोड़ों का बिल्ली अभिशाप

घोड़ा एक न बेच सका मैं फिर भी गया सो
इससे मुझको शाप मिला—'तू जैसा है वह हो'

'घोड़े वाले तू अब बिल्ली का धंधा कर ले
बिल्ली के बच्चों से अपना पूरा घर भर ले
बिल्ली के बच्चे तेरे पर्दों पर झूला झूलें
टी वी में घुस जायें धूप में बैठ ख़ुशी से फूलें
कभी मारकर चिड़िया तेरे बिस्तर पर धर जाँय
और कभी अलमारी के पीछे टट्टी कर जाँय
कभी रात के सन्नाटे में ऐसा मातम गायें
पित्ता पानी बन जाये सुनने वाले घबड़ायें।
मचा रहे कोहराम हमेशा तेरे खंजड़ घर में
बिल्ली बैठी रहे रसोई में और तेरे सर में।'

घोड़ों से अभिशप्त बिल्लियों से मैं भाग रहा हूँ
सोया-सोया लगता तो हूँ लेकिन जाग रहा हूँ
इसी ताक में हूँ दिख जाये एक अकेली बिल्ली

फिर भी 'दिल्ली' कहकर हरगिज़
कोई तुक न मिलाऊँ
म्याऊँ कभी न बोलूँ।

पत्रकार महोदय

'इतने मरे'
यह थी सबसे आम, ख़ास ख़बर
छापी भी जाती थी
सबसे चाव से
जितना ख़ून सोखता था
उतना ही भारी होता था
अख़बार।

अब सम्पादक
चूँकि था प्रकांड बुद्धिजीवी
लिहाज़ा अपरिहार्य था
ज़ाहिर करे वह भी अपनी राय।
एक हाथ दोशाले से छिपाता
झबरीली गर्दन के बाल
दूसरा
रक्त-भरी सफ़ेद चिलमची में
सधी हुई छप्प-छप।

जीवन
किन्तु बाहर था
मृत्यु की महानता की उस साठ प्वाइंट काली
चीख़ के बाहर था जीवन
वेगवान नदी सा हहराता
काटता तटबंध
तटबंध जो अगर चट्टान था
तब भी रेत ही था
अगर समझ सको तो, महोदय पत्रकार!

परम्परा

पहले उसने हमारी स्मृति पर डंडे बरसाये
            और कहा—'असल में यह तुम्हारी स्मृति है'
फिर उसने हमारे विवेक को सुन्न किया
            और कहा—'अब जाकर हुए तुम विवेकवान'
फिर उसने हमारी आँखों पर पट्टी बाँधी
            और कहा—'चलो अब उपनिषद पढ़ो'
फिर उसने अपनी सजी हुई डोंगी हमारे रक्त की
नदी में उतार दी
            और कहा—'अब अपनी तो यही है परम्परा'।

नयी संस्कृति

वह आग नहीं है
वह एक सर्वथा नयी राष्ट्रभाषा है
सड़क पर अभी भी चिपचिपाता
वह ख़ून नहीं
वह है
एक नयी क़िस्म की रोशनाई
जली हुई
उन उजाड़ बस्तियों में
आकार ले रहा है
हमारा नूतन स्थापत्य
पटककर मार दिया गया वह बच्चा
वह हमारा भविष्य है।

वे हमारे युग के महानायक—आख़िरकार
सफल होते दिखाई देते हैं जब
एक अनूठी संस्कृति रचने के
उनके मनसूबे

फिर क्यों डर जाते हैं वे मन-ही-मन
जयघोष करती उन्मत्त भीड़ के चेहरों को देखकर
ग़ौर से?

फ़ोटोग्राफ़

परछाईं जितनी भी अपनी नहीं
ये तस्वीरें।
        वे कलफ़ लगा
        अतीत हैं,
        किसी सुन्दर छुट्टी की प्रतीक्षा में
        जो होनी नहीं।
चौथी दफ़ा तो वे देखी जायेंगी
सिर्फ़ इत्तेफ़ाक़ से।
या फिर दुर्घटना के बाद
तलाश कर।

कुमार सम्भव की आत्महत्या पर

मैं हस्बे-मामूल ज़रा देर से पहुँचा
रामपुर वैसा ही है जैसा तुम छोड़ गये थे :
आधा हरा   आधा भरा
बल्कि राहे मुर्तज़ा पर मुड़ते हुए मैंने पाया
कि यह मैदान तो पहले कभी मुझे दिखाई ही नहीं पड़ा था।
इस क़दर जल्दी होती थी वापसी से पहले तुम्हें ढूँढ़ निकालने की।

अजीब शख़्स थे तुम
ताउम्र एक भोंडी हँसी हँसते रहे
ज़िन्दा जले
मरे तो बहाये गये
ऐसे ही उटकर्मों से बना था तुम्हारा संक्षिप्त जीवन।

पैंतीस दिन एक हज़ार किलोमीटर दूर
मैं इस वक़्त भी देख रहा हूँ
ग़ाज़ीपुर के गाँव घाट में यहाँ से मैटाडोर में
ले जाई गयी तुम्हारी थकी-माँदी अधजली लाश का

गंगा में विसर्जन
डोलती गयी होगी काया कुछ दूर
चौड़े पाट वाली नदी के बीचोंबीच नाव से छोड़ी
फिर भसक गयी होगी पानी में बग़ैर बुलबुलों के
बनने को कछुओं मछलियों का आहार
फिर उभर आने को
छूने को गीला तट।
पास ही वे खेत रबी की जुताई के लिए
तैयार होते तुम्हारे प्यारे खेत।
भोजपुरी के लतीफ़े, लफंगे गीत।

आख़िर तुम क्यों बनते रहे सदा आहार दूसरों के लिए
गो कि समझते थे तुम ख़ुद को चतुर-चालाक?
वह चालाकी तो कम गोंद वाला एक रंगीन डाक टिकट थी
ज़रा-सी नमी पाते ही उचटने को तैयार।
वह चालाकी थी अधपके अनुभवों का पोता हुआ मुलम्मा
वह थी अकरुण-स्वार्थी लोगों की दी हुई सीख
उनकी जो बनाते आये तुम्हें सदा आहार
परिजन गुरुजन मित्रगण अफ़सरान
रोज़ झमाझम दावतें चमाचम मकान
दिल में दबाकर रखी हुई घर की याद
बी एच यू के क्रान्तिकारी संस्मरण
धर्मनिरपेक्षता भुना हुआ जनवाद।
    यह समायोजन ही था विषाक्त
    क्योंकि तुम चालू न थे
    तुमने ख़ुद ही डाला था मूर्ख
    आदमख़ोर मशीन के पट्टे में हाथ
    भोलेपन भरे छलावे के अलावा

और होना ही क्या था तुम्हारे साथ?
आत्मघात में टूटना ही था वह समारोह
जिसकी बुनियाद में ही घुन जैसा छिपा था आत्मघात।
शोक बहुत करता हूँ
क्षुब्ध और खिन्न मगर उससे भी ज़्यादा मैं होता हूँ
नहीं सिर्फ़ तुम्हारा वह अन्तर्विरोध
इसीलिए चिन्तित भी होता हूँ डरता हूँ।

बुख़ार

मेरी नींद में अपना गरम थूथन डाले
पानी पीती थी एक भैंस।

मैं पकता
हवा से सिहरते गेहूँ की तरह
धूप के खेत में।
नींद सा कुछ दबाता
पलकों को

कलेजे को दबाती
एक मसोस।

कोठी-बियाबानी

निद्रालस भरा-भरा
बियाबान अब न रहा।
रास्ता आम है अब
और काफ़ी मशगूल।
डैनों के बल फाटक के खम्भों पर लटकीं
काई पुती सीमेंट की फ़रिश्तिनें
ताकती हैं ट्राफ़िक को।
इतने जाते हैं, इतने आते
मगर कोई आता नहीं।

या देवि!

माथे पर एक आँख लम्बवत्
उसके भी ऊपर मुकुट
बहुत सारे हाथ
मगर दीखते हैं दो ही :
एक में टपकता मुंड।
दूसरे में टपटपाता खड्ग।
शेर नीचे खड़ा है।
दाँत दिखाता, मगर सीधा-सादा।
बग़ल में नदी बह रही लहरदार।
पहाड़ क्या हैं, रामलीला का पर्दा हैं।
माता, मैं उस चित्रकार को प्रणाम करता हूँ
जिसने तेरी यह धजा बनायी।

ये अश्वारोही

एक

एक विराट ठट्टर है मोटे बाँसों-बल्लियों का।
तलवे साधते हुए वे
        चढ़—
                उतर
                        रहे हैं
                                गारे के
                                        भरे—
                                                ख़ाली
                                                        तसले लेकर।
                                                बन रही है पाँचवीं मंज़िल।
ईंटें जमाकर बना ली गयी है एक सिरे पर
उनके लिए भी कालोनी
जिसे काम में ले आया जायेगा सबसे अन्त में।
उसी दिन के बाद उखाड़ा जायेगा हैंडपम्प।
'किफ़ायत सहित सुप्रबन्ध'

यही है
आधुनिक निर्माण कला का सबसे महत्त्वपूर्ण सूत्र।

उधर खेल रहे हैं उनके ही जैसे बच्चे
गारे-मिट्टी के खेल
अपनी-अपनी आयु सामर्थ्य और अक्ल के अनुसार।
सर पर ईंटें जमाती हुई एक नवीना माँ
मन में हुड़कती हुई देखती है रह-रहकर
उस झुंड में घिसटते अपने मुग्ध शिशु को।
        यह भी पड़ाव है कैसा
        मध्य-एशिया से चलकर आये अश्वारोहियों का।

दो

'हम नहीं जायेंगे आगे'
                पैर पटककर अड़ रहे हैं घोड़े।
'हम नहीं जायेंगे आगे'
                कूँक रहे पड़ाव की जूठन जीमते कुत्ते।

मगर याद रहे,
घोड़ों और कुत्तों के लिए नहीं शुरू किया गया था
यह सफ़र।

एक जलती-बुझती ख़ुशी

जैसे तारों की टिमक
जैसे ब्याह वाला घर
जैसे फूट पड़ते फ़व्वारे का उल्लास
जैसे एक निराशा घनघोर
        मैं आजिज़ आ चुका हूँ इससे
        मुझे यह और चाहिए।

काम-प्रेम

काम हृदय में यह कैसा कोहराम मचाये है
बँसवट में जैसे चिड़ियों की जोशीली खटपट
खिला कहाँ से संध्या बादल में गुलाब पीला
आता हुआ शरद यह कैसे रंग दिखाये है
प्रेम हृदय में यह कैसा कोहराम मचाये है।

चप्पल पर भात

क़िस्सा यों हुआ
कि खाते समय चप्पल पर भात के कुछ कण
गिर गये थे
जो जल्दबाज़ी में दिखे नहीं।
फिर तो काफ़ी देर
तलुओं पर उस चिपचिपाहट की ही भेंट
चढ़ी रहीं
तमाम महान चिंताएँ।

एन जी ओ शब्द

इन्हीं शब्दों के साथ
शुरू की थी उसने अपनी बात
इन्हीं से ख़त्म की
इन्हीं के साथ सम्पन्न किये
सारे ज़रूरी काम
इन्हीं से चलाये ज़रूरी संघर्ष
इन्हीं से चला रहा है आजकल एन जी ओ।

रसायनशास्त्री

सुनते समय उनकी मुद्रा
लगभग रसायनशास्त्रियों वाली थी
अपनी लम्बी उँगलियों और अँगूठे में
लगभग कसे हुए अपना चिकना परुष जबड़ा
क्लैसिकल रसायनशास्त्रियों की तरह।
फिर कुछ शब्द उन्होंने कहे
आँखों में पहले लगभग हास्य
और फिर तत्काल गंभीर दिलचस्पी झपकाते हुए
जो दरअसल दैन्य थी।
कहकर वे चुप हो गये।
(लिखने का श्रम तो कब का छूट चुका था)
        थोड़ी शर्मिन्दगी थी तो
        उनके चुप होने में   शायद।

गप्प-सबद

आँधी में उड़ियो न सखी, मत आँधी में उड़ियो।

ओ३म् लिखा स्कूटर दौड़ा राम लिखाकर कार
लेकिन पप्पी दी गड्डी पर न्यौछावर संसार
उन्हीं का होना है संसार
बस न तू आँधी में उड़ियो

धक-धक-धक-धक काँपे हियरा थर-थर-थर-थर पैर
अलादीन को बेढब सूझी बेमौसम यह सैर
बिना चप्पू-लंगर यह सैर
ज़रा आँधी में मत उड़ियो

खाना खा लेटी ही थी झाँसी की रानी थोड़ा
वहीं खाट के पास बँधा था उसका मश्की घोड़ा
बड़ी देर से मक्खी उसको एक कर रही तंग
खिसियाई रानी जब देखे उसने उसके ढंग
चीख़ी, 'नुचवा दूँगी मैं ये तेरे चारों पंख

तुड़ा दूँगी मैं आठों पैर
अरी, फिर आँधी में उड़ियो।'

देस बिराना हुआ मगर इसमें ही रहना है
कहीं ना छोड़ के जाना है इसे वापस भी पाना है
बस न तू आँधी में उड़ियो। मती ना आँधी में उड़ियो।

कुछ नयी क़समें

हल्दीराम भुजिया की क़सम
रिलायंस के तेल की क़सम
प्रमोद महाजन की क़सम
आज दिन काँच के गिलास की तरह बिलकुल साफ़ है और
मेरी आत्मा निष्पाप।
मैंने घर में झाड़ू भी लगायी है ख़ुशी-ख़ुशी।

भाईचुंग भूतिया की क़सम
कालू वितर्णा की क़सम
दूध की थैली की क़सम
जोड़ों के दर्द और आसन्न हृदयरोग से निपटने के लिए
मैं सुबह टहलना शुरू करने वाला हूँ और हर महीने कुछ पैसा बचाना।

शताब्दी और राजधानी की क़सम
अनदेखे केरल और जैसलमेर के ऊँटों की क़सम
लाल इमली की बंद मील की क़सम
इससे बढ़िया कोई मुल्क है नहीं पूरी दुनिया में।

म गां अं हिं वि वि वर्धा की क़सम
नयी दिल्ली की हसीन सड़कों की क़सम
वर्ग 'अ' राजपत्रित अधिकारियों की क़सम
तदेऊष रूज़ेविच की क़सम
कविता लिखना न आया न कभी आयेगा ही मुझे।

फिर भी लेता हूँ फूलमती तिराहे की क़सम
चमेली की बगिया की क़सम
पुल बंगश की क़सम
ठंडी रसमलाई की क़सम
सिविल लैन इलाहाबाद की क़सम
कोमल सी रुई जैसे फुरफुरे कोहरे से भरे
नैनीताल की क़सम
जो चीज़ तू है   कोई और नहीं।

नाक

हस्ती की इस पिपहरी को
यों ही बजाते रहियो मौला!
आवाज़
बनी रहे आख़िर तक साफ़-सुथरी-निष्कंप!

अकेला तू तभी

तू तभी अकेला है जो बात न ये समझे
हैं लोग करोड़ों इसी देश में तुझ जैसे
        धरती मिट्टी का ढेर नहीं है अबे गधे
        दाना पानी देती है वह कल्याणी है
        गुटरगूँ कबूतरों की, नारियल का जल
        पहिये की गति, कपास के हृदय का पानी है
तू यही सोचना शुरू करे तो बात बने
पीड़ा की कठिन अर्गला को तोड़ें कैसे!

लकड़हारे की अधूरी कविता

पतझड़ है
जंगल अपनी ऊब काटने के लिए
गिनतियाँ गिन रहा है
लगातार
पत्तियाँ गिन रहा है जंगल
बूढ़ा जंगल अपने दिन गिन रहा है।
हवा तनी है तो बस तनी ही है
किसी चमकदार पाल की तरह
पेड़ नंगे होकर धूप में इकट्ठे नहा रहे हैं
सूँड़े उठाये हुए धूप को फ़व्वारे की तरह फेंकते
ठिठोलियाँ करते आपस में
शरारती झाड़ियाँ दुबकी हुई सब देख रही हैं
निर्लज्जता से उचक-उचककर
सकपकाती है लजीली बेंत
सक् पक् थम्म कौन आता है उधर
रुको वहीं, यह है वर्जित क्षेत्र, रक्षित वन!

यह हमेशा की तरह की एक हसीन तस्वीर है लकड़हारे भाई,
जिसके एक सिरे पर तुम
बाँस पर मारकर टाँगे कौवे की तरह लटके हो
किसी भद्दे टिकट
या बेडौल हस्ताक्षर की तरह
वर्जित क्षेत्र के बस इसी सिरे पर
गोकि बूढ़ा अय्याश जंगल
अपने दिन गिन रहा है उचटती हुई पपड़ियों में,
तुम यहीं हो इस सिरे पर
उन सूखी हुई टहनियों के लिए कृतज्ञ
जो उदारता से तुम्हारी पीठ के बोझे के लिए गिरा दी गयी हैं।

लकड़हारे भाई
तुम यहाँ बैठे लकड़ियाँ क्यों बीन रहे हो?
तुम्हारा घर कहाँ है? तुम्हारी पत्नी कहाँ है?
क्या तुमने उसे कभी बताया कि तुम उसे प्यार भी करते हो?
क्या तुम उसे मारते हो?
तुम्हारे बच्चे कहाँ हैं? क्या वे भी लगे हैं इसी रोज़गार से?

लकड़हारे भाई, तुम यहाँ बैठे लकड़ियाँ बीन क्यों रहे हो
वे तुम्हारे ऊपर इन अय्याश पेड़ों की
        चालाक मेहरबानियाँ हैं
क्या तुम्हारे पास कुल्हाड़ी नहीं?
क्या तुम्हारी कुल्हाड़ी सोने की है? चाँदी की?
जब तुम्हारे सामने भरी हुई दोपहरी जैसा
                        कठिन जंगल है
और बीहड़ जंगल जैसी कठिन ज़िन्दगी
तब तुम बैठे क्यों हो इस किनारे

और ये लकड़ियाँ बीन रहे हो
जो तुम्हारे ऊपर इन धूर्त पेड़ों की चालाक मेहरबानियाँ हैं?
ज़रा रगड़ो तो अपनी लोहे की कुल्हाड़ी की धार
पत्थर पर
उसे चिंगारियाँ फेंकते देखो
और इस विराट जंगल को कुत्ते की तरह
        काँपते-किंकियाते दुम दबाते।
सुनो हवा में यहाँ से वहाँ जाते गुप्त संदेशों को
देखो कैसी दहशत भरी ऐंठन में सिकोड़ लेते हैं
अपनी जड़ों को ये शराबी की तरह झूमते पेड़
अपनी उन मोटी उँगलियों को
जो हरदम धरती के सीने की टोह लेती रहती हैं

लकड़हारे भाई
आज मैं तुमसे कहता हूँ
ज़िन्दगी-भर हम तुमसे दग़ा करते आये हैं
तुम्हारी लकड़ियों पर सेंकी हैं अपनी रोटियाँ हमने
तुम्हारे काठ की तरह सुलगते हाथों को तापा है
तुम्हारी हड्डियाँ निकालकर बनाये हैं अपनी हिफ़ाज़त के लिए वज्र
तुम्हारे दुख को निचोड़ा है अपनी कविताओं के लिए नीबू की तरह
फिर तुम्हारी ख़ाल को मशक की तरह टाँगकर
हम खेद जताते रहे
कि तुम कुछ भी करने लायक़ नहीं लकड़ियाँ टीपने के सिवा
तुम्हारी कुल्हाड़ी की तरफ़ से निश्चिन्त
और जंगल में शामिल होने के लिए बेताब
हम रोपते रहे एक के बाद एक
भाषा के फलदार दरख़्त
और पक्षियों की मासूमियत की नक़ल करते

फुदकते आये बार-बार
अपनी दुमें उठाते-गिराते
पंख फैलाकर नाचते
वातावरण को अपने निष्क्रिय कामातुर
अर्थहीन कलरव से गुँजाते।
गो कि हम पक्षी नहीं थे
हम जंगल को रिझाने की कोशिश करते रहे
उसमें शामिल होने की कामना से।
लेकिन हमारे रोपे वे वृक्ष ढहते गये
क्योंकि उनकी जड़ें ज़मीन की सिर्फ़ पपड़ी पर थीं
और धरती कम-से-कम दो मील गहरी होती है।

(1975)